AF448001

1

2

3

4

5

6

8

9

10

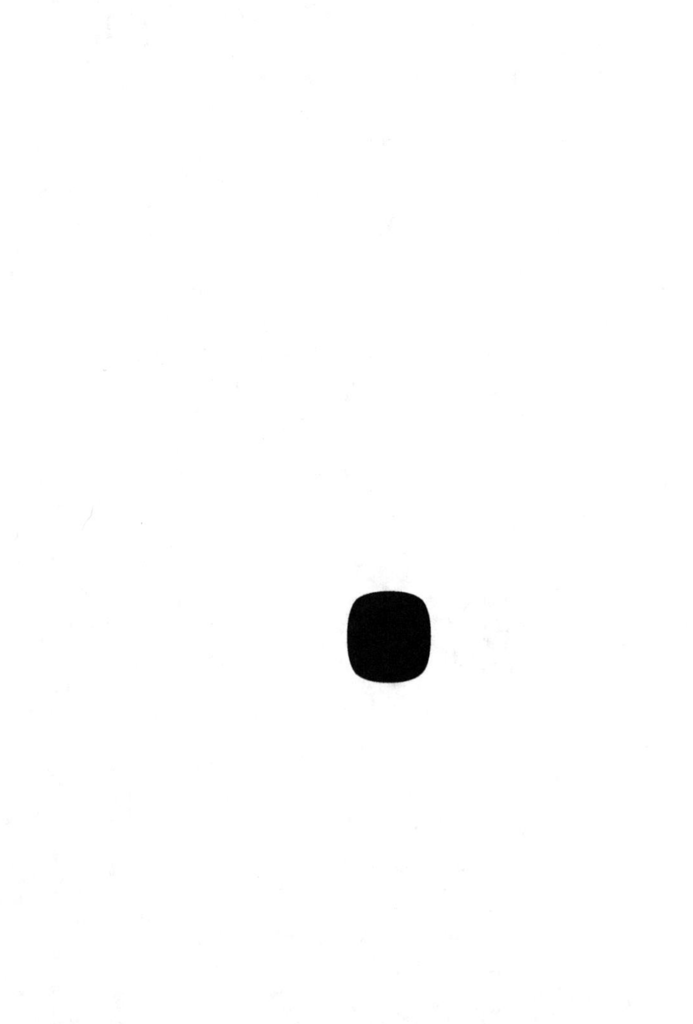